대학생성경읽기선교회(UBF) 선교사 11인 공동시집

금과 은 나 없어도

강페트라
권마리아
김다윗
박바울
박은혜
박엘리아
방은미
유한나
윤웨슬리
이다니엘
진요셉

꿈과 비전
Dream & Vision Books

목 차

시집을 내며 ⋯ 5

1 / 강페트라(Petra Kang)

특별한 날 ⋯ 8
유배지 1 ⋯ 11
유배지 2 ⋯ 14
큰 시인 ⋯ 16
나도 씨를 쓰고 싶어요 ⋯ 17

2 / 권마리아(Maria Kwon)

너를 생각하며 ⋯ 20
오늘, 사랑을 위하여 ⋯ 21
그것이 사랑이 아니라면 ⋯ 22
잃어버린 언어를 찾아 ⋯ 23
가교 ⋯ 25

3 / 김다윗(David Kim)

너, 관악아 ⋯ 28
너무 큰 선구자 ⋯ 31
예루살렘 ⋯ 33
You are a good shepherd ⋯ 35
I will see him there ⋯ 38

4 / 박바울(Pablo Park)

마흔 즈음에 … 42
기도 … 43
알게 되겠죠 … 44
순종 … 45
세미한 소리 … 47
그래도 … 49

5 / 박은혜(Grace Park)

언제까지나 당신과 함께 … 52
검은 구름 폭풍우 몰아친 후 … 54
참사랑을 향하여 … 56
그냥 주시는 것 … 58
갈릴리 … 60

6 / 박엘리야(Elija Park)

새벽 … 64
책 … 65
고향 생각 … 67
Willingen 축제 … 69
아들아 … 71

7 / 방은미(Grace Eunmi Bang)

길 … 74
그 봄 … 76
너에게 … 77
어느 가을 밤 … 78
사랑 … 80

8 / 유한나(Hanna Ryu)

당신의 아름다운 모습 바라보게 하소서 … 82
쓰러뜨리는 말 세우는 말 … 84
태산을 던지는 믿음 … 86
에베소여, 주의 영광 다시 비추라 … 89

9 / 윤웨슬리(Wesley Yoon)

봄의 꽃 빛 속에서 … 92
하나님의 형상 … 94
하나님의 나라는 너희 안에 있느니라 … 96
봄의 미소 … 98
환갑을 넘어선 적송 한 그루 … 100
겨울 바닷길 … 103

10 / 이다니엘(Daniel Rhee)

젊은 대학생들을 위한 기도 … 106
거두는 자와 씨 뿌리는 자 … 108
메시지 준비 … 112
옥합을 깨뜨린 여인 … 114
그러나 우린 울지 않았습니다 … 116
그는 군인이었습니다 … 118

11 / 진요셉(Josef Chin)

하루 I … 122
하루 II … 123
진심 … 124

편집을 마치며 … 125

시집을 내며

금과 은 없어도
가슴속에 품은 이름,
나사렛 예수 그리스도의 이름 의지하여
걸어온 은혜의 길, 믿음의 길.

거룩한 부르심 순종하여
기쁠 때나 아플 때나
슬플 때나 즐거울 때나
앞서가신 선한 목자 따라온 길.

그 거룩한 순례 길에서 부른
믿음과 사랑과 소망의 시편
구원의 주님, 은혜의 주님께
감사와 사랑의 향기로 바칩니다.

기도와 고백, 감사와 찬양의 노래
사랑하는 가족, 이웃에도
기쁨의 향기가 되어 퍼져 나가길…

Petra Kang

- 본명 정경선
- 국민대 국어국문학과 졸업(1993)
- 대학생성경읽기선교회에서 성경공부(1989.4~1996. 4)
- 불가리아 선교사(1996.4~2005.4),
  마케도니아 개척 선교사(2005. 5~ 현재)
- 마케도니아 키릴 & 메토디국립대학 비교문학대학원 졸업(2013)
- 제16회 재외동포문학상 수필 부문(2014),
  제 17회 재외동포문학상 시 부문 수상(2015)

특별한 날

거울 앞에 오래 앉아 반 곱슬머리 다듬고
정성 들여 화장하고 가장 멋진 옷 골라 입습니다.

시간이 다가올수록 마음은 바빠지고
심장 박동 수도 빨라집니다.

맞선 보는 날이라도 될까요?

기다리던 버스 안은 한가득 낯익은 얼굴
정겨운 말들로 가득 차 있습니다.

떨리던 혀와 입에서 '툭' 하고 환영인사 튀어나옵니다.
잠자고 있던 모국어, 기지개 켜며 앞다투며
무지갯빛으로 마구 쏟아져 나옵니다.
웃음꽃이 피고 엄지손가락 번쩍 올라가고
박수 소리 들립니다.

초등학생같이 토끼 눈 가진 그들을
미지의 나라 이야기 속으로 천천히 이끌고 갑니다.
7.1 강진의 폐허 딛고 일궈진

신시가지 테레사 수녀 기념관과 생가 터
너그러운 수녀님 미소가 우리를 환영합니다.

이 나라의 뿌리와 거름이 된
알렉산더대제, 필립2세, 유스티니아누스황제, 사무엘왕
그리고 독립영웅들 동상을 올려다보며
그들의 꿈과 사랑과 애국심을 읽어봅니다.
1500년 세월 버텨온 고맙고 듬직한 돌다리 건너
알라딘의 요술램프 마법에 이끌려
터키 목욕탕, 사원, 인(inn)이 모여 있는
동방시장으로 들어섭니다.

오천 년 세월을 한 곳에서 우직하게
산과 강과 시내를 큰 가슴으로 젖먹이 품듯 보듬고 있는
칼레산성에서 '와' 탄성이 쏟아집니다.

두 시간의 짧은 만남, 이제 헤어져야 할 시간
신들렸던 눈과 마음이 괜스레 먹먹해집니다.

행복하세요.

웃을 일 많으세요
허리 굽혀 인사 올립니다
손 흔들며 일정 바쁜 버스 떠나보냅니다.

유배지 1

어느 녹음 짙던 5월말
산도 물도 낯선 곳에
덩그러니 남겨졌다.

두 무릎 일으켜 그 땅을 힘껏 밟아보았다.
폐를 크게 열어 그 땅의 공기를 들이마셨다.
불안과 두려움, 외로움의 냄새가 땅 밑에서부터 올라왔다.

더운 여름날
잠이 쉬 들지 않는 날,
칼레 산성에 올라 기억나는 모국어로 된 노래를
남으로 남으로 흐르는 바르다르* 강물에 흘려보냈다.
강바람은 착하게도 뜨거운 속을 식혀주었다.

외로움과 막막함은 눈을 멀게 하였다.
슬픔과 두려움은 중풍병자가 되게 하였다.

'어찌하여 유배지로 보내셨나이까'는
주제가가 되었다.
유배지에서 태어난 내가 다시 유배지에 남겨진 것은

기구한 운명의 장난이었을까.

여기가 끝인가
지은 죄가 그리도 크던가
영원할 것 같던 눈물과 절망의 밤은 그렇게 이어졌다.

눈물이 말라갈 즈음
어디선가 일어날 힘이
발뒤꿈치를 타고 무릎을 넘어
위로 더 위로
점점 뜨겁게 올라오고 있었다.

두 무릎에 힘주어 그 땅을 밟아보았다.
두 발이 그 땅에 뿌리내리고 있었다.
가슴을 펼치고 숨을 들이쉬었다.
두 주먹에 힘이 돌고
심장은 쿵쾅거리며 바빠졌다.

할 일이 보였다.
할 수 있는 일이 쌓여갔다.

눈물 젖은 유배지 주제가는
웃음 먹은 행복한 추억이 되었다.

침 묻혀가며
바쁘게 사전을 뒤적거린다.
이제는 유배지가 아니었기에.
배울 것이 많은 소중한 땅이었기에.
유배지(流配地)는 인생의 끝이 아닌
새로운 시작의 땅이었기에.

* 마케도니아 북서쪽에서 흘러 중동부를 지나
  그리스 에게해로 빠지는 가장 긴 강(Vardar river)

유배지 2

이유 몰라 할 줄 아는 것이 우는 것밖에 없던 그 때.

울어도 울어도 또 샘처럼 흘러내리던 눈물 그치니
그제야 신부마냥 다소곳이
내 앞에 고개 살짝 숙이고 앉은
조그맣고 외로운 땅이 보였다.

그래도 그 땅의 모든 것은 따뜻하고 밝았다.
그것이 사람이든, 산이든, 나무든, 물이든
심지어 유기견이든.

그래서 많은 이가 그 땅을 욕심내었고,
욕심내고 있는가 보다.
사람들의 탐심을 알고 난 후부터 작고 외로운 이 땅이
내 여린 가슴에 사랑스럽고 아프게 와 닿았다.

그렇게 눈 떠 보니 시인들의 유배지에 내가 와 있었다.
터덜터덜 아픈 마음 가득 안고 찾아오는 시인들에게
기쁜 마음 가득 안게 해주는 넉넉함과
비밀스러운 힘을 가진 땅.

내게도 이 땅은 유배지였다.
그리고 지금도 나의 유배지이다.
나는 이곳에서 창공을 힘껏 나는 새처럼 살고 있다.
내일이 뭔지 모르는 어린아이의 웃음을 품고 살고 있다.

이 땅은 그렇게 나를 품어준 고마운 나의 유배지이다.

큰 시인

한 시인을 만났다
그는 60평생 시를 써왔고 애독자가 수없이 많다
세상은 그를 큰 시인이라 부르고 존경의 눈빛 보낸다

그는 예수의 생애를 잘 꿰고 있다 했다
예수의 죽음에 관해 장편의 서사시도 쓴 적이 있다
그러나 예수는 그에게 구원자도 절대적 진리도 아니다

그는 부처의 생애를 잘 꿰고 있다 했다
부처의 죽음에 대해 장편의 서사시를 쓴 적이 있다
그러나 부처는 그를 해탈과 열반으로
데려다 주지 못했다

아는 것이 많은 시인 앞에 난 한없이 작아졌다
그러나 내 속에 담긴 보배 예수는 점점 커졌다

내 속에 커진 예수는 나의 구원자이고 진리이다
나의 영원한 행복의 원천이다

비로소 나는 깨달았다
그가 아닌 내가 바로 큰 시인이라는 것을

나도 시를 쓰고 싶어요

너무 늦은 것은 아닌가요
마흔을 훌쩍 넘긴 지금
시인이 되고픈 꿈을 꾸는 것은.

내 안에 아직도 단단하게 영글어 가야 하는
여러 색깔의 말들이 금세라도 튀어나오려 하네요
덜 영근 나의 삶을 닮아 그런가 봐요.

그러나 지금은 아니야, 더 기다려야 돼 하며
기다림과 성숙의 미학을 배워야 한다고
나에게 속삭입니다.

그래야 맛 좋고 내 삶의 향기 가득 밴
나의 색깔의 언어들이
별처럼 꽃처럼 나오게 될 테니까 말이죠.

그렇게 늦은 것은 아니겠죠.
참을성 있게 나만의 시어를
내 속에 품고 키워낼 준비가 돼 있으니깐요.

권마리아

Maria Kwon

- 본명 조옥지
- 고려대학교, 동 대학원 국문학과 졸업(1974~1982)
- 예일여고 국어 교사 역임(1978~1984)
- 대학생성경읽기선교회에서 성경공부(1979~1985)
- 미국 LA 선교사(1985~현재)
- 미국 간호대학 수료(1988~1992), 간호사 근무(1992~2015)

너를 생각하며

오늘
비 그치고
바람은 잠잠하고
구름은 태양을 위해 문을 열었다.

나무들은 키가 하늘에 닿고
빛은 창문을 질러서 빛나고

봄
사방에 완연하다.

밤은 가고
낮이 높게 떴다

출근길 차를 몰며
너를 생각한다.
지금 너는
어디에서 무엇을 하고 있을까…

오늘, 사랑을 위하여

오늘,
사랑을 위하여
무엇을 할까

두 송이
장미를 꺾어
예쁜 꽃병에 담아

한 송이는 메리,
그녀의 문 앞에

다른 하나는 마사,
그녀 책상 위에

오늘의
사랑을 위하여…

그것이 사랑이 아니라면

만약
그것이 사랑이
아니라면
나는 무엇을 위하여 살까

돈, 위대한 성공, 어떠한 위로

아니
사랑,
사랑이
내 모든 삶의
원인이 되어야 하리라

잃어버린 언어를 찾아

오랫동안
쓰지 않아서
잃어버린 말

그 순간
그가 너를 다시 찾아왔을 때
이는 네 귀의
음악이 되고
시가 된다.

함께 나누었던 모든 기억
그 만남, 사랑, 증오, 고통스러운 헤어짐마저도
동반자가 되어
마음의 봄꽃이 되어 핀다

이렇게
오랫동안 잃어버렸던
언어가 너를 찾아올 때

너는

가장 어두웠던 기억도
부끄러움과 회한의 시간도
용기 내어 다시 만나고

이렇게
언어가
느낌의 소나기가 되어
더 강한 의미로
망치처럼 두들기면

언어에 젖어…
전혀 예기치 않았던
시인이 된다.

가교

아름다운 다리
과거와 현재가 만나는 다리.

젊은 날의 치기가
성숙을 위한
거름이 되었음을 확인하는 곳.

삶의 아픔과
그리움의 순간들이
꽃이 되어
피어나는 거리

잃어버린 사상을 찾아서
그때 그 말을 찾아서

젊음의 방황을 다시 시험해보는

과거와 현재가
부끄럼 없이 만나는 곳.
그러나 아직 아름답게

직조되는 곳.

시가 만들어지는 곳.

David Kim

- 인하대 사범대학 체육교육과 졸업
- 중학교 교사 역임(1986~1994)
- 대학생성경읽기선교회에서 성경공부(1984~1994)
- 미국 LA 선교사(1994~1997), 시카고 Staff 훈련(1997~2002)
  DuPage UBF 개척(2002~2013)
- 인디애나 IUPUI 대학 개척(2013~현재), UBF 선교사 평생교육 사역자

너 관악아!

흰 눈으로 옷 입은 너 관악아
오늘은 유난히
추워 보인다

푸른 솔 사이로 내리 앉은
영롱한 육각 결정체
아침 햇살 반사해
눈부시다

창문 열고
네 청순한 내음
가슴속 폐부까지
가득 채우려
오늘도
두 팔 벌렸다

너
사랑하는 나의 친구여
나의 시선 머물고
나의 발길 닿던

그리고
나의 그리움 새겨진
너 정든 너
관악이여!

가깝지만
멀리 있어
오를 수 없어 안타깝고
나의 폐부에
차가운 삭풍 스쳐
옷깃을 여미지만
이대로 창문 연 채
온몸으로 너의 숨결
맞이하련다

흰 눈으로 옷 입은 너 관악아
이제는 서서히 나의 몸 열고
나의 가슴 식어
너 다시 못 볼까
두렵구나

그러나 너를 향한
나의 안타까움 그 아는 듯
의로운 해 떠올라
너와 나 포근히 감싸고 있다

이제 정장하면
지팡이 들고 나성에 올라
힘찬 함성 너 부르리
사랑하는 내 관악아!

너무 큰 선구자

당신 가슴이 용광로 같아
항상 우리 손발이 뜨거웠습니다
미시간 호수에 던져진 돌처럼 의심은 간 곳 없고
믿음과 감사와 사랑만 그 자전거에 실었습니다
이름 모를 들꽃처럼 향기만 가득해
우리를 녹이고 또 녹이었지요
미워할 줄도
원망할 줄도
꾸며낸 말 한마디도 할 줄 몰라
파도 떼 찾아 들면 밟히고
철새 떠나면 미소 짓던 그 가슴은
태평양 같은 대해였습니다.
그대 너무 커서 작은 저희는
감당키 어려운가 봅니다.

아, 아, 아무도 안 간 그 길 가는 선구자여!
푸른 잎새 지고서야 베인 상처 보이듯이
그대 그 깊은 사랑의 발자국이
이제야 보이나이다
이제 가을 낙엽 떨군 나무의 마음으로

무릎과 무릎 맞대고 앉아
우리들의 작은 사랑
그대의 큰 가슴에 담아
검은 광야 우간다에 보내렵니다
우리가 그대를 너무 사랑한다는 시를 쓰며
주님이 그대와 땅끝까지 함께하신다는
그 약속을 믿으며 기도합니다
축복 있으라! 선구자여! 우리도 그 길 따르리!

예루살렘

유대 백성 땀과 피로
다윗이 세운 고도
솔로몬이 처음 지은 하나님의 집
그 백성과 함께하시는 거룩한 약속의 성!
역사의 수레바퀴 속에
수없이 무너지고 다시 세워진 신비의 성!
탐욕과 무지 때문에 눈이 멀어
오신 구원의 주 예수님을
십자가에 못 박은 불행한 성!
유대인, 회교도, 기독교인의 다툼으로 퇴색된 성!

살렘, 살렘, 살렘!
평화의 성지인데
인간의 야망과 증오 사이에
피 냄새 나는 성!
과거와 현재가 조화된 불가사의의 성!
하얀 무덤의 돌로 둘러싸여
예수님의 재림을 바라는 기다림의 성!
엷은 베이지색 돌 도시
황혼녘 황혼 빛으로 빛나지만

예수님 안 모시면
영원히 어둠 속에 파묻힐 위험한 성!
회개하라 예루살렘! 주 영접하라 예루살렘!
천국으로 들려 올려져라. 거룩한 성으로…
오 예루살렘!

You are a good shepherd

You are a soul doctor!
I was sin sick.
because I had listened to too much worldly music.
But as you helped me praise the Savior,
I was healed.

You are a spiritual leader!
I was in pain.
because of my own unforgiving heart toward the world.
But as you had me speak on Jesus' cross,
I was healed.

You are an artistic match maker!
I was determined to live as a single man
because of the broken dream of my first love.
But as you had introduced Joy in the music concert,
I was a happily married man.

You are a faith general!
I was destined to be a middle school PE teacher.
But as you planted Hebrews 11:6 in me,
I was a man of faith and a missionary to America.

You are a faithful friend!
I was about to give up Chicago Intern training.
But as you emptied your own packet
and padded on my shoulder,
I was up for any kind of difficulties.

You are a physical trainer!
I was so weak that I could not run even for 10 minutes.
But as you taught me and played tennis with me,
I was strong enough to play more than 2 hours.

You are in fact a friend for all!
You are vitamin C to everybody!
You are a teacher of all!
You are everyone's father!

More than anything,
you are a good shepherd!
Even though you are over 70,
You are a young man in heart.

Your presence elates us
despite our hardships and sicknesses.
May you have long life
and be remembered as a good shepherd for many!

Please let all your burden down.
Love Sunji dearly and affectionately.

All of us love you today
because you are after the good shepherd Jesus.
And we will love you tomorrow, the day after tomorrow, and the day after⋯

(June, 27th, 2011, To Dr. John who is my spiritual father. Congratulations on 70th birthday! Picture Design by Susanna Hajek, Translation by Joshua Hong)

I will see him there

My first love just started with just reading His letters

When I was in suffering in agony…
He, for my sake…cried tears for me

It looks like I have seen the "lost" of myself in him
Looking at him, I feel that I am really seeing myself

As for me to compare to whatever person,
He is precious to me
He is?the person I have loved
I really miss that person

I will see him there
Because he had a hope in Him
Because he had a hope in me

I will see him there

After finishing my task
I⋯will⋯see⋯him⋯there
With all my friends who have loved him⋯

(Note: While I was praying for the European Conference 2009, I thought about Dr. Lee who had pioneered Germany and a great hope for the European Countries).

Pablo Park

- 본명 박수산
- 광운대학교 전자계산학과 졸업
- 대학생성경읽기선교회에서 성경공부(1992. 가을~2002)
- UBF 경성지부에서 풀타임 사역(1999. 2~ 2002. 3)
- 코스타리카공화국 개척 선교사 (2002. 4~현재)

마흔 즈음에

숨 가쁘게 달려온 지난 시간
잠시 걸음 멈추고 숨 고른다

살아온 날들 가만히 떠올려 보면
나는 행복했노라 말할 수 있을까

불현 듯 외로움이 걸음을 멈춰 세우는 건
사랑하는 법을 잊어버렸기 때문일까

자꾸만 누군가에게 고맙고 미안해지는 건
다시 사랑하며 살고 싶어서일까

오래전 그때처럼 난 믿고 살리라
사랑 하나로 세상을 다 안을 수 있다고

삶이 나를 외롭고 힘들게 한다 해도
포기할 수 없는 한 가지, 사랑하며 사는 것.

기도

구해도 주시지 않은 건
더 좋은 때에 더 좋은 것을
주시기 위함이리라

구하지 않아도 예비하시는 건
가장 좋은 때 가장 좋은 것을
베푸시기 위함이리라

그럼에도 구하라 하시는 건
모든 것이 주님의 은혜인 줄
알게 하시기 위함이리라

그럼에도 은밀히 일하시는 건
모든 일에 주님의 영광이
나타나게 하시기 위함이리라.

알게 되겠죠

비록 지금은 안갯속을 거닐듯
모든 것이 희미해 보이지만
내가 걷는 이 길이
여기서 끝나지는 않겠죠

비록 오늘은 빗속을 거닐듯
아무것도 선명하지 않지만
내딛는 발걸음이
여기서 멈추지는 않겠죠

시간이 흘러 이 길 가고 나면
알게 되겠죠. 주님의 계획
힘겨운 걸음 참고 내딛다 보면
알게 되겠죠. 주님의 뜻을

흔들려도 주만 바라보고
넘어져도 주만 의지하면
그땐 알게 되겠죠
주님의 그 크고 선하심을.

순종

떠나라 하실 때
미련 두지 않겠습니다
뒤돌아보는 건
참 신념이 아닌 탓입니다

가라고 하실 때
집착하지 않겠습니다
고집부리는 건
참 신뢰가 아닌 탓입니다

복 주리라 하실 때
의심하지 않겠습니다
기대하지 않는 건
참믿음이 아닌 탓입니다

복 되리라 하실 때
회의하지 않겠습니다
소망하지 않는 건
참 신앙이 아닌 탓입니다

떠나라 하시니
가라고 하시니
오직 주의 말씀을
믿고 따라갑니다

복 주리라 하심에
복 되리라 하심에
다만 주의 말씀을
믿고 나아갑니다.

세미한 소리

불꽃처럼 살고 싶었습니다
나를 불태워서 생명을 살릴 수만 있다면
기꺼이 재가 되고 싶었습니다

뜨거운 심장으로 살고 싶었습니다
나의 열정으로 영혼을 얻을 수만 있다면
기꺼이 녹아지고 싶었습니다

타오른 불꽃이 식어지는 줄 몰랐습니다
불 같은 열심이 약해지는 줄 몰랐습니다
냉랭한 마음으로는 살고 싶지 않았습니다

불붙던 심장이 차가워지는지 몰랐습니다
뜨거웠던 열정이 시들어버릴 줄 몰랐습니다
미지근하게 사는 건 사는 게 아니었습니다

그때 주님의 세미한 소리가 들립니다
내 열심과 열정이 사람을 살리는 게 아니라 하십니다
그리고 아직 내가 해야 할 일이 있다고 하십니다

이제 주님의 세심한 계획을 듣습니다
하나님의 열심과 신실하심이
생명을 구원한다 하십니다
그리고 나는 끝까지 주님을 신뢰하라고 하십니다.

그래도

주님! 우리 이 길을 그래도 갑니다
좁고 험한 길인 줄 알면서도

주님! 우리 이 삶을 그래도 삽니다
어렵고 힘든 삶인 줄 알면서도

그래도 이 길을 가는 것은
주님을 신뢰하기 때문입니다

그래도 이 삶을 사는 것은
주님을 소망하기 때문입니다

우리가 가는 이 길 저 끝에는
주님이 두 팔 벌려 맞아주실 겁니다

우리가 사는 이 삶의 끝에는
주님이 눈물 자국 닦아주실 겁니다.

박은혜

Grace Park

- 사우디아라비아에서 간호사 근무(1979~1981, 1985~1987)
- 대학생성경읽기선교회에서 성경공부(1981.9~1985, 1988~1990)
- 미국 뉴저지 선교사(1990. 5~ 현재)
- 미국 간호사 근무(1990~2003)
- 뉴저지 영어어학원에서 차세대 교육 사역(2003~현재)

언제까지나 당신과 함께

언제까지나 늘 당신과 함께 있으렵니다
자줏빛 아침이 타오르며
새들이 잠을 깨고
어둠의 그늘이 사라질 때
당신의 임재는 아침보다도 곱고
햇빛보다 더 아름답고
상쾌한 의식으로 싹트기 시작합니다

홀로 당신과 단둘이만 있으렵니다
그 신비로운 그늘
새로 태어난 자연의 침묵 속에서
홀로 당신과 단둘이만 있으렵니다
평온한 이슬과 아침의 신선함 속에서

파도 한 점 없는 바다 위로 터오는 여명 속에
샛별의 모습 드리워 있듯이
이 고요함 속에서
나의 가슴의 물결 속에 비치는
당신의 모습만을 보렵니다

노고에 억눌려 영혼이 잠으로 기울 때면
감기는 두 눈은 당신을 바라보며 기도하렵니다
어둠 위에 드리우는 당신의 날개 밑에서
쉬는 것도 즐겁지만
잠을 깨어 당신을 거기서 만나게 되면
더욱 기쁩니다.

언제까지나 늘 당신과 함께 있으렵니다
홀로 당신과 단둘이만 있으렵니다
당신의 모습만을 보렵니다
당신을 바라보며 기도하렵니다
언제까지나 당신과 함께.

검은 구름 폭풍우 몰아친 후

우리의 믿음의 시련은
검은 구름 뒤에 가린 태양이다

우리의 믿음의 순종은
축복을 감당하기 위한 폭풍우 앞에서의
한 떨기 꽃이다

우리의 믿음의 확신은
긴 터널 가운데로 스며드는 한 줄기 빛이며
비 온 후 맑고 푸른 하늘에 뜬
청명한 한 점 구름이다

모든 것이 조용해진 후
하나님은 다시 일하신다

모든 것을 다 뽑아내신 후
가슴에는 향기롭고 투명한
꽃 한 송이 피어난다

저 산 위에서 만나주실
선한 목자 예수님 향해
오늘도 길을 나선다

참사랑을 향하여

어디까지 버려야 하는가?
어디까지 비워야 하는가?
어디까지 자유로워야 하는가?
어디까지 죽어야 하는가?

이렇게 깊은 아픔이 있을 줄 몰랐네
이렇게 숨 막히는 답답함이 있을 줄 몰랐네
이렇게 죽는 고통이 있을 줄도 몰랐네

사랑이란 말만 듣고 황홀할 땐 좋았지
사랑이란 의미만 떠올려도 아름다울 땐 기뻤지
사랑이란 상상만 해보아도 날개 달고 다녔네

사랑은 희생과 같은 분량이라고 누가 말했나?
사랑은 그에게 속한 것이라고 누가 말했나?
사랑은 십자가를 가르치는 것
사랑은 아픔 뒤에 솟아나는 결정체
사랑은 목마름 뒤에 솟아나는 생수
사랑은 죽는 고통 뒤에 피어나는 한 떨기 꽃

가장 나중에 주시는 선물
가장 나중에 이루는 보석
가장 나중에 내려오는 향기
가장 나중에 허락하시는 감추인 보화

그것이 내가 바라는 참사랑이겠지.

그냥 주시는 것

내가 죽고 나면
하나님은 한 가지씩 주었지
한 번도 그냥 받은 적은 없네

한 방울 땀방울 떨어지면
그곳에서 싹이 솟았네

한줄기 눈물방울 흐르면
그곳에서 이삭이 자랐네

한 방울 핏방울 배이면
그곳에서 신기하게 열매가 맺혔네

내가 지고 가면
하나님은 기뻐하며 주었지
한 번도 그냥 받은 적은 없네

작은 십자가 하나가 나를 짓누를 때
그 곳에서 생명의 기운이 돌았네
작은 십자가 두 개가 나를 짓누를때

그곳에서 생명의 소리가 들렸네
작은 십자가 세 개가 나를 짓누를 때
그곳에서 신기하게 생명이 탄생하였네

내가 따라가면
하나님은 선물로 주었지
이번에는 그냥 주셨네
기쁨이라는 것을
진리라는 것을
평안이라는 것을
자유라는 것을
사랑이라는 것을

이번에는 신기하게도
그냥 주시는 것이 있었네
그냥 주시는 것

갈릴리

갈릴리 바다를 보았다
어찌 그리 잔잔하고
고요한지
예수님의 숨결이 느껴졌다

너무나 평화로와
그곳에 배 한 척을
내 마음에 띄우고
돌아왔다

금방이라도
배에서
거친 숨 내쉬며
베드로가 내려올 것 같았다

예수님은
이곳에서
세계 구속 역사를 꿈꾸셨다

예수님은

이곳에서
제자들을 부르셨다

예수님은
이곳에서
베드로의 좌절을 일으키셨다

예수님은
이곳에서
사랑과 용서의 하나님을
보이셨다

갈릴리 바다는
내 마음에 존재한다
이제 그 어느 것도
내 마음에 파도를 일으키지 못한다

그림과 같은 그 평화로움은
예수님의 미소로
나의 마음에 새기어 있다.

Elija Park

- 본명 박수민
- 한양대 영문학과 졸업
- 대학생성경읽기선교회에서 성경공부(1988. 3~1998. 2)
- 폴란드 바르샤바 개척 선교사(1998. 2~현재)
- 포스코 대우 근무(1999~ 현재)

새벽

나에게로 오라
짧은 밤 걸어 나와 지친 네게 다가가서
아무도 지켜보아 주는 이 없어도
조용히 네 곁에 머물며
네가 가진 아픔, 고통과 어둠 쓸어버리고
어제의 네가 아닌 너를 만나게 하리라.

나는 네게 축복이 되고
너를 품은 나는 고통 속에 동트는 새 아침이 되리라.

지친 몸으로도
상처 난 영혼으로도
언제든지 오라
너를 정결한 신부로 기뻐 맞으리니.

책

오랜 세월 비밀을 품고 잠들다
변덕스러운 세상 책망하는 눈초리
색은 바래도 품은 자세는 그 옛날 그대로인 것을.

우주를 품고서도 겸손한 자세로
역사의 질곡에 아랑곳하지 않고
가고 오는 것들을 흔들림 없이 지켜본다
나름의 비밀을 품고 시간을 달린다
작은 공간에 우주 삼라만상 파묻고
거뜬하게 이기어 온 세월.

삶의 꿈틀대는 아우성
내게로 다가와
죽은 듯 살아와서
심장을 박동시키기도, 잠시 멈추게도 하고
길을 멈추게도, 바꾸게도 하고
함께 눈물 양식을 먹기도 하고
살며시 웃기도 하고
상처를 내기도 하고 치료하기도 하고
갑자기 죽은 자들이 살아 돌아와

내 눈에 아른거리며 내 잠든 일상을 '툭'하고 건드려 깨웠다
이제 이 한 권의 책 안으로 오라는 손짓인가보다.

책장 속에 고이 사장된 죽은 자들의 영혼이
오늘 적막을 뚫고 꿈틀대며
고통스럽게 혹은 웃음 지며
내 안에 들어온다.

고향 생각

이젠 낯설지 않은 제2의 고향인 된 폴란드에서
고향을 그리워하며 하루를 시작합니다
이토록 시도 때도 없이 고향이 그리워지는 것은
내가 사는 이곳이 미워서도 아니고
내가 지고 가는 하루가 무거운 이유도 아닙니다.

고향이 그리운 것은 당신이 그립기 때문이며
아침마다 당신이 생각나는 것은
당신은 아침 햇살 속에도 계시고, 풀 속에도, 지나가는 빗속에도
내 아이들의 늦은 잠 속에도 계셔서
나의 짧은 소풍에 함께하시기 때문입니다.

아침의 고요를 깨는 기계의 소음들이 달려오기 시작하고
이제 이 도시가 하루의 신음을 시작하게 되면
당신이 계신 고향의 그리움을 잘 챙겨
나는 또 소풍 나갈 채비를 하게 됩니다
그래서 그리움을 안고 살아가는 나는 행복합니다.

오늘 하루 소풍 가다
나처럼 고향 떠나 외로운 이 만나면
손 내밀어 함께 가자고 할 것입니다.

Willingen 축제*

그리스도의 사랑이 베푸신 눈물의 향연
저마다 품고 가는 사연 위에 뿌려진 눈물의 향연

아빠의 가슴에 대고 드려지는 기도의 흐느낌
어린 자는 어린 대로
늙은 자는 늙은 대로
한 믿음과 사랑 안에서 진리의 축복을 누리고 있노라니
많은 말 하지 않아도?
그대의 영혼에 내려지는 은총의 향기를 느끼노라.

이곳 산자락이 돌아서는 Willingen에서
눈물이 기쁨으로 변하는 기적
아픔이 치유로 회복되는 안식
돌아치는 먹구름이라도 머물고 싶어 할 축복의 향연

광주에서, 서울에서, 우크라이나에서
아프리카에서, 남아프리카에서
같은 하나님, 같은 진리, 같은 사랑과 같은 믿음 안에서

그리스도를 누리고 경배하고
그리스도를 얻게 되는
축복의 향연, 지속될 은혜의 순간들.

* 2014년 여름 독일 Willingen에서 열린 유럽수양회

아들아

아빠가 세상을 떠나는 날엔
세레머니를 해 주렴
영원한 본향으로 들어가는 세레머니를 해 주렴.

남기고 가는 건 없지만
아빠가 뿌린 말씀의 씨앗들
하나님이 키우실 거다

많은 사람은 모르겠지만
주님은 큰 잔치를 베푸실 거다

그러니
너도 어두운 이 세상에서
진리의 외고집 지키다가
세레머니를 하며 오렴.

Grace Eunmi Bang

- 경희대 음대 성악과 졸업
- 대학생성경읽기선교회에서 성경공부
- 독일 쾰른 선교사(2009. 4~현재)

길

시끌벅적한 사람들의
환호성 없는
외로운 길

하나 둘 정든 가지를
눈물로 쳐내는
아픈 길

때로는 손가락질에
이유 없이 비난 받는
어리석은 길

돌부리에 넘어지고
가시 찔레에 피맺히는
좁고 험한 길

그러나
그분이 가신
아름다운 길

내가 걷는 이 길이
바로 그 길이다.

그 봄

겨우내 얼어있던 들판에
연둣빛 새싹들이 움트고

시간도 멈춰있던 호수에
졸졸졸 물 흐르는 소리 들리고

메마른 나뭇가지 끝자락에
파릇한 새 잎사귀 고개 내밀고

내 뺨에 느껴지는 이 바람이
분홍빛 꽃향기로 느껴질 때면

기나긴 겨울 헤치고
너 이제야 왔구나
주님 내게 약속하신
그 봄이로구나.

너에게

너는 내 보배
하늘의 선물

너의 눈 속에 빛나는 별이
세상의 보석보다 눈부시게 해

너는 내 기쁨
하나님의 은혜

너의 맘속에 솟는 사랑이
누구의 위로보다 따듯하게 해

너는 내 자랑
아름다운 기대

널 통해 이루어질 선한 일들이
오늘도 나를 행복하게 해.

어느 가을 밤

별 하나 없는 깊은 밤
사박사박
그의 발걸음 소리

외딴 곳에 홀로 사는
누군가를 찾아
온종일 걷고 걷는
그의 발걸음 소리

사막의 한기도 몰아내고
광야의 무료도 이겨내고
한밤 내 걸어 내게로 온다

나무 십자가 등에 지고
푸른 달빛도 없는 길을
휘청이며 온다

두드리는 소리에
걸어 잠근 빗장 풀고
문을 여는데

땀 내음,
흙 내음,
붉은 피 내음

나로 더불어 먹으려
그 먼 길을 오셨는가
온기 없는 방 안에 핀
십자가 숯불

늦가을
바람 내음 스치는 날
사박사박 걸어온
십자가 사랑.

사랑

하나님의 사랑
아들을 내어주신
창조주의 사랑

예수님의 사랑
십자가에 달리신
구세주의 사랑

성령님의 사랑
한숨으로 간구하는
보혜사의 사랑

자격 없는 죄인,
부질없는 인생
보잘것없는 나에게.

Hanna Ryu

- 이화여대 독어독문학과 및 대학원 졸업(1983)
- 대학생성경읽기선교회에서 성경공부(1978.10~1986. 9)
- 한국여성개발원 근무(1983. 9~1986. 9)
- 독일 Bonn 선교사(1986. 9~ 1988. 10)
  독일 Mainz 개척 사역(1988.10~ 현재)
- 제 4회 재외동포문학상 시 부문 수상,
  제 5회 재외동포문학상 수필 부문 수상

당신의 아름다운 모습 바라보게 하소서

사람에게 실망하고 절망하기보다
당신의 아름다운 모습 바라보게 하소서

얼굴에 침 뱉으며 조롱하는 이들 위해,
긍휼과 자비만을 베푸신 그 손에
잔인하게 굵은 대못 박았던 그들 위해
마지막 숨 가쁘게 내쉬며 용서의 기도를 드리셨네
"아버지, 저들을 용서하여 주옵소서!"

죄인들을 위해, 원수들을 위해
한 방울의 피도 남김없이 흘리신
당신의 용서의 사랑
당신의 희생의 사랑 배우게 하소서

사람에게 분노하고 한숨짓기보다
당신의 아름다운 모습 바라보게 하소서

당신을 세 번이나 부인한 베드로를 위해
뜨거운 눈물로 기도하신 그 기도,
배반자 유다에게 떡을 떼어주시며

끝까지 사랑하신 그 사랑,
십자가 앞에서 절망과 슬픔에 빠져
멀리 떠나간 제자들 갈릴리 게네사렛 호수까지 찾아오시어
"내 양을 먹이라!" 하시며 목자로 삼으신 그 소망을
날마다 배우게 하소서.

마침내 나도 당신의 아름다운 모습 덧입을 때까지.

쓰러뜨리는 말 세우는 말

당신의 입에서 생명수가 흘러나왔지요
마른 지팡이에 싹이 나게 하고
마른 뼈들도 생기를 얻어 큰 군대가 되게 하셨지요.

당신의 입에서 치료의 광선이 쏟아졌지요
38년 긴 세월 동안 누워 있던 중풍 병자
일어나 운명의 돗자리를 들고 걸어가게 하시고
죽은 지 나흘이 지난 나사로, 무덤에서 나오게 하셨지요.

당신의 입에서 희망의 씨앗이 뿌려졌지요
빈 그물에 절망한 어부 시몬,
사람 낚는 큰 어부로 부르시고
세관에 앉아있던 레위,
천국 복음 전하는 성 마태로 키우셨지요.

당신의 입에서 용서의 사랑이 넘쳐나왔지요
"나도 너를 정죄하지 아니하노니?
가서 다시는 죄를 범하지 말라."
어두운 죄의 늪에 빠져있던 간음한 여인 용서하시고
십자가에 매달린 극악한 강도를 용서하셨지요.

당신의 입에서 기도의 불길이 뿜어 나왔지요
나의 뜻을 부인하고 아버지의 뜻을 이루기 위해
땀방울이 핏방울 되도록 치열한 기도를 하시고
연약한 제자들의 믿음을 세우기 위해
아, 당신을 못 박는 무지한 무리를 위해
처절한 고통의 십자가에 매달리신 채,
피 흘리며 또 흘리며 용서의 기도를 하셨지요.

당신의 입에서 영원한 생명이 나오지요
당신의 말씀을 귀담아들은 자들은
절망에서 희망으로
어둠에서 빛으로
죽음에서 생명으로 옮기었지요.

이사야의 부정한 입술을 숯불로 깨끗케 하신 것처럼
불평의 말, 비난의 말, 조롱의 말, 악독한 말
남을 쓰러뜨리는 말이 쏟아지는 입술을 깨끗케 하사
우리도 생명의 말, 치료의 말, 용서의 말,
축복의 말을 하게 하소서
쓰러뜨리는 말을 쓰러뜨리고, 세우는 말을 세우게 하소서.

태산을 던지는 믿음

눈앞에 보이는 것은 거대한 산뿐이었네
오르기에 너무 높고 가파른 산이었네
길을 내기에 너무 단단한 산이었네

메뚜기처럼 연약해진 마음으로
태산을 바라보며
두려워 떨며 서 있는 우리에게
하늘의 음성이 임하였네

"하나님을 믿으라!"*

전능하신 하나님을 믿으라 하셨네
천지를 창조하신 창조의 권능자를 믿으라 하셨네

거대한 산 바라보던 절망의 눈을 올려
소망의 하나님 바라보라 하셨네
태산을 능히 옮기실 그의 능력 의지하라 하셨네

불신의 뿌리를 제하고
의심의 가시를 뽑고

믿음에 뿌리를 내리고
기도의 씨를 뿌리라 하셨네
"무엇이든지 기도하고 구한 것은 받은 줄로 믿으라.
그리하면 너희에게 그대로 되리라!"*

하나님이 우리에게 주신 것은
눈에 보이고 만져지는 것이 아니었네
태산을 던지는 믿음
의심치 않는 믿음
기도하는 믿음이었네
믿음에 뿌리를 깊이 내릴 때마다
태산이 조금씩 움직였네
기도의 씨를 뿌릴 때마다
태산이 옮겨가기 시작했네

아, 어느덧 태산이 바다에 던져져
사라져 보이지 않고
태산이 서 있던 바로 그 자리에
탄탄한 새 길이 생겼네.
하나님은 우리에게

방패와 상급되신 자신을 주시기 원하셨네
우리에게 그의 언약을 믿는 믿음을 심기 원하셨네
믿음으로만이 그를 기쁘시게 할 수 있었네
믿음으로만이 믿음의 열매를 드릴 수 있게 하셨네

이제 우리의 눈으로 보고
손으로 만질 수 있는 이 열매들은
우리에게 주신 은혜의 열매였네
믿는 자에게 축복으로 주시는 믿음의 열매였네.

*마가복음 11장 22절
*마가복음 11장 24절

에베소여, 주의 영광 다시 비추라

순결한 비둘기 눈, 검은 올리브
신선한 청포도 알, 녹색 올리브
곳곳마다 기름진 감람나무
알알이 붉은 보석 알 품은 석류나무

십자가에 못 박히는 처절한 아들 신음 소리에
뼈가 끊어지는 듯 심장의 고통 겪은 예수 어머니
아픔과 핍박의 땅 예루살렘 멀리 떠나
날마다 간절한 기도의 향기 피워 올리던 땅

십자가 아래에서
성모 마리아의 여생 부탁 받았던
주님의 사랑하는 제자 사도 요한이 묻힌 성지

사도 바울의 거룩한 발길이 닿았던 곳
삼 년 동안 뜨거운 심장의 눈물 흘리며
구원의 복음을 전한
화려한 항구 도시 에베소

그의 영적인 아들 디모데
순교의 피가 흐른 곳.

목숨 걸고 믿음 지킨 초대 성도들
절절한 기도의 향기 배인 깊은 동굴에서
눈물의 예배드린 땅

지금은
하루 다섯 번 모슬렘 기도 소리
마을마다 우우 울리고
구주로 오신 예수님, 영생의 빛 찾지 못해
어둠의 그늘에 앉아 헤매는 백성

이 땅이 다시 한 번
진리를 찾는 순례자의 피난처가 되고
하늘과 땅,
유럽과 아시아,
모슬렘과 그리스도인을
십자가용서의 사랑으로 이어주는 제사장 나라,
온 세상에 주의 영광의 빛 비추는
거룩한 하나님의 백성이 되기를!

순교의 피로 물든 터키 땅
주의 영광 다시 비추는 그 날이 오기를!

윤웨슬리

Wesley Yoon

- 고려대학교 토목과 졸업(1972)
- 대학생성경읽기선교회에서 성경공부(1971~1976)
- 미국 뉴욕 선교사(1976~1995)
- New York University Polytechnic 공대 석사(1978)
- 미국 AECOM/URS에서 구조기술사로 근무(1978~2015)
- 미국 Stony Brook 개척 선교사(1995~현재)

봄의 꽃 빛 속에서

봄날에 피는 무지개 빛깔의 꽃들
그 화려한 물감은 사월(四月)의 땅 어디를 파도 없다.

아름다운 음악의 선율, 동양의 수묵화, 서양의 유화
어느 곳에도 그 아름다운 예술의 마음은 없다.

울고 화내며, 사랑하고 증오하는 우리 속에서 분출되는 감정
그 어느 곳에도 변화막측한 감정을 일으키는 마음을 찾을 순 없다.

수박, 복숭아, 참외 등 그 많은 여름 과일들
뜨거운 땅속 어디에도 그 맛을 내는 향료는 없다.

파도의 바람을 가름과 밀물과 썰물
별들과 해와 달의 움직임, 그 어느 곳에도 그분은 없다.

가장 위대한 메시지는 침묵 속에 있다.
사랑의 진실은 죽음 속에 있다.

그대 그 누구에게도 사랑한다고 말하지 말라
죽음의 피로 사랑의 편지를 쓰기 전까지는

가을의 불타는 낙엽 아래를 지나며
그 빛나는 햇빛 속에도 그분은 계시지 않는다.

그러나 포근한 겨울의 함박눈을 맞으며
십자 성(十字 星)을 볼 때 우리는 피로 사랑의 편지를 쓰시는 그분을 보게 된다.

사랑의 본체(本體)이신 분
나의 마음, 그 추운 겨울로 얼어버린 곳은
녹기 시작한다.

하나님의 형상

아침 해가 밝게 떠오를 때
나는 대서양 모래언덕 위에
드리워진 긴 그림자를 보았습니다.

그 그림자는 나의 실재가 아니건만 그곳에 있었고
그것은 살아있는 내 모습보다 크기만 했습니다.

새로운 생명이 움트기 위하여
씨앗은 땅속에 묻혀야 하듯
이 그림자가 사라질 때
내 참모습인 하나님의 형상을 볼 수 있겠지요.

이제 배를 저어 바람 부는 어둡고 거친 바다를 건너기 위해
내 안에 계신 하나님의 형상을 되찾고 싶습니다.
내면의 빛이 영원의 빛으로 인도해 주는 것이니까요.

대낮의 현란한 태양 빛이 머리 위를 지나
시간은 이미 오후 6시 7분
9월의 태양은 늦여름의 수평선 너머로

사라지고 있습니다.

꿀 항아리처럼 보이는 흔들리는 그림자들을
쫓아다니지 마십시오.
자! 이제 잃어버린 하나님의 형상을
회복하며 살아가십시오.

그림자가 당신의 본래 모습은 아니니까요.
하나님의 형상이야말로 당신의 참다운 실재이니까요.

하나님의 나라는 너희 안에 있느니라*

내 마음은 하나님이 계신 곳
천국은 내 마음에 있다.

내 몸은 질그릇과 같은 것
그러나 그곳엔 지성소가 있다.

하나님 나라는 먼 곳에 있지 않고
먼 훗날에 있는 것도 아니다.

그대는 늘 마음속의 아름다우신 임을 뵈옵고
오늘도 깊은 산 속의 옹달샘 물을 마시는가?

우리가 온갖 세상의 임금의 옷과 금관을 벗을 때
눈부신 형상을 본다.

영혼의 어두운 밤을 지나서
큰 기쁨 좋은 소식을 듣는다.

나의 마음은 무지개를 보고 뛰기보다
고우신 내 임을 보고 뛰고 있다.

그리고 영원히 뛸 것이다

고우신 임의 마음과 합하여!

* 누가복음 17장 21절

봄의 미소

어느 봄날
메트로폴리탄 미술관에서 본향에서 온
청동 조각에 새겨진 봄의 미소를…
그 잔잔한 미소는 슬픔과 고통을 넘은 미소,
삶과 죽음을 극복한 미소였다.

그 먼 옛날 신라 천오백 년의 침묵을 거친 미소,
세상 끝날까지의 현상세계와 묵언으로
천상의 세계를 잊는 미소다.
봄의 꽃들과 같이 긴 겨울을 이긴
해님을 향한 생의 찬미다.

영원과 순간을 이으며
하늘과 땅을 넘나들며
사람과 사랑의 본체이신 분을
바람과 같이 살랑이며 오가는 그 미소!

아, 오늘도 모나리자의 미소에 취하여
이 천상의 미소를 잊어가며
다가오는 정해진 시간의 준비함을 소홀히 하고 있는저!

이 미소의 마음을 읽을 때
우리의 마음도 큰 바위에 기댐과 같고
어린 조그마한 물 한 방울이 바다에 떨어짐이며
삶의 끝 동굴 저편에
살아계신 분에 대한 믿음의 미소다.

삶이여!
쉬임 없이 밀려오는 파도에 부서지는 미소여!
바위에 부서진 파도의 영롱한 물방울 가운데
비치는 햇살로
다시 무지개가 되어 피어오르는 그 미소여!

이 미소는 현실의 삶을 먼 시간의 끝자락에서
욥과 같이 바라보고
웃는 신곡(神曲)의 천상의 미소다.

이 미소는 이 지상에서 불타는 감옥을 지날 때
잠잠히 기다리며
살아계신 그분의 말 없는 음성을 들을 때
수련같이 피어오르며 학같이 나는 생명의 언어다.

환갑을 넘어선 적송(赤松) 한 그루

환갑을 넘어선 적송 한 그루가
롱 아일랜드 북쪽 바닷가 근처에 자라고 있었다.

이제 그 나이테가 환갑(還甲)을 넘어섰다.
이 적송은 27년간 한국에서 자라다
그 뿌리까지 뽑혀 미국에 심긴 것이다.

적송은 미국에 온 첫날부터 고국을 그리워하며
있는 곳에서 뿌리를 내리기 시작하였다.

낯선 흙과 거친 바람으로 적송은 괴로워하곤 하였다.
그 고난 가운데서도 적송은
그를 미국 땅에 옮겨 심으신 주인에게 감사하였다.

숨은 동방의 고요한 흙에서
거친 광야의 땅에 적응하기까지
달과 해와 별들의 위로가 있었다.

가끔 바닷물결과 바람결에 들려오는
한국 농촌의 농악 소리와

근처 음악가 집에서 들려오는
브람스, 베토벤, 모차르트 그리고 쇼팽을 듣곤 했다.

한낮 여름에 스토니부르크의 대학생들이
그 그늘에서 읽는
윤동주, T.S. Eliot의 시와
Shakespeare의 소네트도 같이 읽곤 했다.

적송의 친구들은 Conscience Bay의 백조들
그리고 어깨 가지 위에 날아 앉는 두루미들이었다.

어떤 때는 어린아이들이 와서
날카로운 칼로 그들의 이름을 새길 때
적송은 향긋한 송진으로 그 상처를 덮었다.

롱 아일랜드 끝 Montauk(몬탁)의
파도 소리가 굉음(轟音)과 천둥소리처럼 들려올 때
적송은 다시금 이식(移植)의 의미를 기억한다.

그것은 거목(巨木)이 되어 그분의 뜻을 만국에 알리는

것이다.
또한, 많은 젊은 적송이
그분의 뜻 가운데서 자라는 것이다.

밤에는 북두칠성의 끝 북극성을 바라보고
낮에는 남쪽의 해님에게 얼굴을 돌릴진저!

이제 적송은 언젠가는
하늘의 천둥과 번개가 치고 폭풍이 부는 밤
땅 위에 쓰러져 소생(蘇生)의 날을 기다릴 것이다.

그때는 그 솔 씨가 바람에 날려
영원한 고국 하늘의 땅에 다시 뿌리내려 노래하리라.
맑은 영혼의 가락을
바람과 파도의 장단에 맞추어 울려 퍼지게 하리라.

겨울 바닷길

해가 진 겨울 바닷길
저 해변 너머로 겨울의 찬바람이 불어오면
여름날에 채웠던 공간은 비어 있다.

아무도 찾지 않는 추운 겨울 바닷길
그러나 이 겨울 바다는 여름과 가을보다
봄이 더 가까워져 온 희망에 차있다.

우리의 삶도 이제 겨울의 계절을 지날 때
빈 공간을 그리고 정지되려는 시간을
슬퍼하거나 괴로워하기보다
찬 겨울바람에 봄의 향기를 담음과 같이 하여라.

어둠과 차가운 바람이 부는 공간
그리고 일그러진 보름달이
눈과 얼음 꽃에 기울어진 적송 나무 위에 걸릴 즈음에는
우리는 이제 저 따뜻하고 찬란한 봄날의 아침을
기다리련다.

스산한 겨울 폭풍이 죽음과 질고(疾苦)를 동반하고

어두운 밤을 사나운 짐승 같이 할퀴고 갈 즈음에는

고요한 폭풍의 눈 속에서
영원한 현재인 임의 시간 속에서
여름 바다의 생명의 뛰놂과
가을 단풍 위에 걸린 무지개를 보며
임의 생명의 언약을 노래한다.

겨울은 반드시 지나가리라!
그러나 그 끝은 어둠과 무(無)의 낭떠러지가 아닌
조요(照耀)한 임과 함께 걷는 푸른 풀꽃 길…

이다니엘

Daniel Rhee

- 대학생성경읽기선교회에서 성경공부(1965~ 2012. 5)
- 대학생성경읽기선교회 아프리카 Coordinator 역임
- 한국 남산 UBF 개척(1973~2012)
- 남아프리카공화국 프리토리아 선교사(2012. 5~ 2015)
- 남아공 요한네스버그 UBF 사역(2016~)

젊은 대학생들을 위한 기도

옛적에 조상들이 있어
척박한 땅에 씨를 묻어두었습니다.
옛적에 선지자들이 있어?
잊힌 말씀들이 되살아났습니다.
비로 쓸고 물 뿌린 거리로 역사는 걸어옵니다.
고요한 음성으로, 때로는 거친 숨결로……
주님, 이제는 저들 차례입니다.

그러나 살펴보소서.
저들의 밤은 가난하고 저들의 아침은 피곤한 것을
그래서 저들의 손은 늘 부끄럽사오니
당신은 저들에게 자비로우셔야 합니다.

저들이 우는 것을 나는 압니다.
나도 울고 싶습니다.
돌 위에 가만히 이마를 대고
조용히 흐느끼고 싶습니다.
저들의 아픔으로, 꼭 같은 아픔으로,
저도 상처를 입고 싶습니다.

하온데 별 보고 꿈꾸는 영혼 속에서
그리고 영기 서린 발걸음에서
최초의 젊은 기운이 나타나고 있사오니
옛날 태고 때처럼
저들에게 시작이 있게 해 주소서.
저들로 땅 끝까지 광대하게 하소서.
저들은 저들이 염려함보다 더 위대함을 알게 하소서.
그리고 부활만큼이나 기막힌 승리를 기대하게 하소서.

하오나 저들은 업적이 아니라
그저 발자취가 되어야 함을 알게 하소서.
먼 훗날에, 그리고 모든 민족에게
주님,
저들은 거룩한 발자취로 남게 하소서.

거두는 자와 뿌리는 자

"거두는 자가 이미 삯도 받고 영생에 이르는 열매를 모으나니 이는 뿌리는 자와 거두는 자가 함께 즐거워하게 하려 함이라. 그런즉 한 사람이 심고 다른 사람이 거둔다 하는 말이 옳도다."
(요한 4:36, 37)

그래 형제들,
그건 기적이었네.
다른 이들이 먼저 놀랐고,
그들이 놀라서 우리도 놀랬네.

우리 모임에 있다는 자부심
주님께 쓰임 받는다는 기꺼움
그래, 화려한 잔치였네.
영혼으로, 마음으로, 또 손으로,
하나님을 만져보았네.
마음은 뛰놀고, 비전은 불타고, 소망은 또렷했네.
운명은 없고, 불가능은 생각하지 않았네.
뭐, 그러다 죽어도 좋았네.

그러나 우리 잊지 말아야 하네.
옛적에 뿌리는 자들이 있어 우리가 거두었음을

그리고 이제는 다 거두었고,
혹시 너무 많이 거두지 않았을까?
씻나락*도 놔두지 않고, 씨도리도 남기지 않고,
우리가 다 감당하지도 못하면서…

형제여,
이제는 우리가 뿌리는 자 되어야 하네.
먼 훗날 거둘 자들을 위해
우리 다시 땀을 쏟아야 하네.
아니지, 눈물을 흘려야 할 걸세.
뿌리는 일,
그 얼마나 쓸쓸하고 막막한가 말일세.

조급해하지 말게.
이제 우리는 거두는 자가 아니라 뿌리는 자,
거두는 것은 더는 우리의 몫이 아니네.

*씻나락: 볍씨

많은 사람 모여들지 않는다
부끄러워 말게.
많은 사람보다 몇 사람이고, 몇 사람보다 한 사람이네.
부디 이를 잊지 말게.

혹시 거둘 게 없으면 어떡하나
좋은 알곡 맺히지 않으면 어떡하나
걱정하지 말게
우리 뿌리는 것은 하나님 말씀 아닌가?

다만 지극히 순수하게.
다만 지극히 성실하게.
형제여,
우리의 정신을 이어가야 하네.
그러나 거기 갇히지는 말게.
우리가 하던 일을 계속해야 하네.
그러나 거기서 맴돌지는 말게.

우리끼리 할렐루야 아멘 하지 않기
집단사고에 빠지지 않기
뼈를 깎으며 회개하기

은밀하게 기도하기
꾸준히 캠퍼스에 오르기

거두는 게 어려울까,
뿌리는 게 어려울까
우리가 짐을 얹어놓고 떠나는 건 아닐까
우리가 고통을 남겨놓고 가는 건 아닐까

형제여,
한 사람이 심고 그 사람이 거두려는 건 옳지 않네.
한 사람이 심고 다른 사람이 거둔다 하신 말씀이 옳네.
먼 훗날 기쁨으로 단을 거둘 그들을 위해
오늘 우리는 눈물 흘리며 씨를 뿌리세.

삯은 이미 받지 않았는가?
영생, 그 찬란하고도 영원한 생명,
거두는 자와 뿌리는 자가 만나
함께 기뻐할 생명.

(2011년, UBF 50주년에 부쳐)

메시지 준비

자기를 버리면 별이 된다고 했습니다.
목숨을 버리면 거름이 된다고 했습니다.
눈물보다 아름다운 메시지를 써야지
뿌리보다 깊은 의미를 전해야지.

당신께서 내게 던져준 말들을 밤새도록 되새기며
창세 때부터 불어오던 바람 소리 들으려 했고
태곳적부터 깊이 숨겨둔
당신의 눈물을 나도 흘리노라면
그 사랑의 말씀, 그 애타는 말씀들을
듣는 것도 같았습니다.

당신의 말씀을 듣기에 제 마음은 너무 더럽고
당신의 말씀을 담기에 제 마음은 너무 좁습니다.
당신의 말씀이 향기로울수록
당신은 제게 너무 가혹합니다.
그러나
제 마음이 더럽다고, 제 마음이 좁다고
어찌 당신의 말씀이 진리가 아니겠습니까?
제 더러운 맘 씻어주시고

제 좁은 맘 찢어주십시오.

날이 갈수록 할 말이 없어집니다.
날이 갈수록 어눌해집니다.
당신은 제게 진실을 원하십니다.
당신은 제게 단순함을 원하십니다.
진실보다 뜨거운 게 어디 있겠습니까?
단순함보다 강한 게 어디 있겠습니까?

옥합을 깨뜨린 여인

그녀는 그럴 수밖에 없었을 것이다
옥합을 깨뜨린 여인

그 비싼 향유인들
주님의 피 값보다 더 비쌌으랴

머리털로 주님 발 씻은들
주님 당하신 수치 다 갚을 수 있었으랴

사랑한단 말도 못 하고
고맙다는 말도 못 하고
그저 향유를 붓고, 머리를 풀고,
그저 눈물만 철철 흘렸을 것이다

너무 사랑하면 사랑한단 말 못하지
너무 고마우면 고맙단 말 못하지

가슴에서 사랑의 꽃은 뜨겁게 피어나는데
영혼에서 진리의 빛은 찬란하게 터지는데
세상은 다 알지 못하니

그저 눈물만 철철 흘렸을 것이다
그녀는 그럴 수밖에 없었을 것이다

옥합을 깨뜨린 여인
옥합을 깨뜨린 내 형제자매들.

그러나 우린 울지 않았습니다

당신이 묻히시던 날은 쌀쌀했습니다.
어제까지도 참 따뜻했었는데…
당신이 떠나서인가요?
당신은 참 뜨거운 분이었습니다.

당신에게 꽃 한 송이 드리려고
그렇게 길게 늘어선 사람들…
아시아에서, 아프리카에서, 유럽에서, 온 세계에서…
당신의 사랑은 그렇게 길고 또 넓었습니다.

당신을 떠났던 사람들도 모여들었습니다.
20년 전에 떠났던 사람도…
당신을 욕하며 떠난 사람들도…
그들도 그 오랫동안
당신의 사랑은 결코 잊을 수 없었지요.
세상에 그런 사랑은 드물지요.

한없이 이어지는 당신의 추억들…
모두 자기가 목자님의 특별한 사랑을 받았답니다.
새삼 놀랐습니다.

당신은 도대체
언제 그 많은 사람을 사랑하고
언제 그 많은 일을 하셨습니까?

당신이 묻히시던 날, 겨울비가 내렸습니다.
하긴 배사라 목자님이 눈물 흘리시는 모습도 처음 보았습니다.
누구 한 사람 소리 내어 울었더라면
삼키던 눈물 쏟아져 바다를 이루고
참았던 통곡 터져 천지를 울렸을 겁니다.

그러나 우린 울지 않았습니다.
당신은 그 좋은 천국에 계시니까요.
그리고 우리는 '제사장 나라, 거룩한 백성'을 이뤄야 하니까요.

(2002년, 고 이사무엘 선교사님 장례식에서)

그는 군인이었습니다

그는 군인이었습니다.
즐겨 군복을 입었고, 늘 군인정신을 말했고,
군인의 자세를 잃어버릴까 두려워했습니다.
그리고 다들
그가 타고난 싸움꾼이라 했습니다.

그러나 이제 압니다,
그는 다만 진실 하고자 했다는 것을…
거짓을 눈감을 수 없었습니다.
죄악을 덮어둘 수 없었습니다.
불신을 두고 볼 수 없었습니다.
무기력을 참을 수 없었습니다.
그래서 싸워야 했습니다.
자신과 싸웠고, 양들과 싸웠습니다.

그리고 또 압니다.
그가 예수님의 마음과 합했다는 것을…
"내가 불을 땅에 던지러 왔노니,
이 불이 이미 붙었으면 내가 무엇을 원하리오?"
"내가 세상에 화평을 주려고 온 줄로 아느냐?

아니라, 도리어 분쟁하게 하려 함이로라."*
그의 마음에 예수님의 불이 붙었습니다.
그래서 자신과 분쟁했고,
자기의 시대와 분쟁했고,
자기 시대의 모든 사람과 분쟁했습니다.

뼈를 녹이는 안일, 영혼을 소진하는 두려움,
우리는 싸워야 합니다.
허울 좋은 관용, 역겨운 변명, 뻔뻔한 합리화…
우리 다시 군복을 입어야 합니다.
우리 다시 불을 던져야 합니다.

(2014년, 고 이사무엘 선교사님 기념예배 헌시)

*(누가복음 12:49–51)

Josef Chin

- 대학생 성경읽기선교회에서 성경공부(1995. 3~2004)
- 경희대 의과대학 졸업(2000)
- 노르웨이 베르겐 개척 선교사(2004~현재)
- 노르웨이 의사시험 합격 후 의사로 근무(2010~현재)

하루 1

로뎀 나무 아래의 엘리야를 비난할 수는 없습니다
하나님의 영이 떠난 사울의 광기를 잊어서는 안 됩니다
바닥을 맛보고야, 수치를 드러내고야 알게 되었습니다
은혜 아니면 난 아무것도 아님을,
하루 한 순간도 살 수 없음을.
하루하루 사는 것이 은혜입니다.

하루 2

오늘이 어제보다 감사함은
당신을 뵈올 날이 하루 더 가까이 왔기 때문입니다
내일이 오늘보다 감사할 것은
당신을 만날 날이 하루 더 가까이 오기 때문입니다
내가 당신께 먼저 갈지
당신이 먼저 오실지 알 수 없지만
분명한 것은 오늘이 어제보다
당신을 만날 날이 하루 더 가까이 온 것입니다
그렇게 내 인생은 하루하루
당신께 가까이 다가가는 기쁜 순례길입니다.

진심

천 번의 우양의 제사보다
감사의 노래가 더 향기롭고
딱딱한 서기관의 면상보다
어린아이의 웃음에 천국이 있습니다
보란 듯한 바리새인의 금식보다
뒤돌아선 세리의 애통함이 하나님께 들립니다
넘쳐나는 부자의 일만 데나리온보다
가난한 과부의 두 렙돈이 더 귀합니다
위선은 썩은 시체 같고,
진심은 에메랄드 빛나는 보석입니다.

편집을 마치며

죄와 죽음의 그늘에서 고통 받던 우리를 구원하신
예수님의 크신 은혜에 감사하고
우리를 대신하여 십자가에 죽으신 그 사랑에 감격하여

유일한 구원자 예수님의 이름을 위하여
복음을 전하는 사도의 직분을 받아

'모든 족속으로 제자 삼으라!'
'땅끝까지 이르러 내 증인이 되리라!'는
거룩한 부르심에 순종하여
열방으로 나아갔습니다.

그리고
10년, 20년, 그리고 30년, 40년
혹은 50년의 세월이 지나도록

젊음과 청춘과 열정을 다하여
우리의 선한 목자, 예수 그리스도 주님을 따라
거룩한 나그네 순례 길을 걸어왔습니다.

금과 은 없어도
우리에게 있는 귀한 이름을,

십자가 구원의 은혜
부활의 소망
그리고 영생을 주는 사랑을
가족, 친구 그리고 가깝고 먼 이웃에
우리 삶이 다하기까지 전하고 싶습니다.

"다른 이로써는 구원을 받을 수 없나니
천하사람 중에 구원을 받을 만한 다른 이름을
우리에게 주신 일이 없음이라 하였더라."
(사도행전 4장 12절)

금과 은 나 없어도

발행	2016년 6월 10일
지은이	강페트라 외 10인
펴낸곳	꿈과 비전
발행·편집인	신수근
편집디자인	한미나
등록번호	제2014-54호
주소	서울 관악구 관악로 105 동산빌딩 403호
전화	02-877-5688(대)
팩스	02-6008-3744
전자우편	samuelkshin@naver.com

ISBN 978-89-951368-9-8 부가기호 03810
정가 10,000원